JUL 2 8 2020

CONOCE LOS CICLOS DE LA NATURALEZA

EL CICLO DEL NITRÓGENO

SANTANA HUNT
TRADUCIDO POR ALBERTO JIMÉNEZ

Gareth Stevens
PUBLISHING

EN CONTEXTO

Please visit our website, www.garethstevens.com. For a free color catalog of all our high-quality books, call toll free 1-800-542-2595 or fax 1-877-542-2596.

Library of Congress Cataloging-in-Publication Data

Names: Hunt, Santana, author.
Title: El ciclo del nitrógeno / Santana Hunt.
Description: New York : Gareth Stevens Publishing, [2020] | Series: Conoce los ciclos de la naturaleza | Includes bibliographical references and index.
Identifiers: LCCN 2018047676| ISBN 9781538243831 (pbk.) | ISBN 9781538243855 (library bound) | ISBN 9781538243848 (6 pack)
Subjects: LCSH: Nitrogen cycle--Juvenile literature. | Biogeochemical cycles--Juvenile literature.
Classification: LCC QH344 .H86 2020 | DDC 577.145--dc23
LC record available at https://lccn.loc.gov/2018047676

First Edition

Published in 2020 by
Gareth Stevens Publishing
111 East 14th Street, Suite 349
New York, NY 10003

Copyright © 2020 Gareth Stevens Publishing

Translator: Alberto Jiménez
Editor, Spanish: María Cristina Brusca
Designer: Sarah Liddell

Photo credits: Cover, p. 1 (main) Wesley West/Shutterstock.com; cover, p. 1 (inset) Zarem/Shutterstock.com; arrow background used throughout Inka1/Shutterstock.com; p. 5 irin-k/Shutterstock.com; p. 7 Lester V. Bergman/Corbis NX/Getty Images; p. 9 John D Sirlin/Shutterstock.com; p. 11 Worachat Tokaew/Shutterstock.com; p. 13 Manbetta/Shutterstock.com; p. 15 Photoholgic/Shutterstock.com; p. 17 Oriol Domingo/Shutterstock.com; p. 19 Gabor Havasi/Shutterstock.com; p. 21 Education Images/Contributor/Universal Images Group/Getty Images; p. 23 MP_P/Shutterstock.com; p. 25 Matt Champlin/Moment/Getty Images; p. 27 Olha1981/Shutterstock.com; p. 29 Tatiana Grozetskaya/Shutterstock.com; p. 30 Designua/Shutterstock.com.

All rights reserved. No part of this book may be reproduced in any form without permission in writing from the publisher, except by a reviewer.

Printed in the United States of America

CPSIA compliance information: Batch #CS19GS: For further information contact Gareth Stevens, New York, New York at 1-800-542-2595.

CONTENIDO

Conoce el nitrógeno	4
Fijación del nitrógeno	8
Nitrificación	12
Asimilación	16
Amonificación	18
Más nitrógeno	20
Límites del ciclo	22
Efectos humanos	24
El ciclo del nitrógeno	30
Glosario	31
Para más información	32
Índice	32

Las palabras del glosario se muestran en **negrita** la primera vez que aparecen en el texto.

CONOCE EL NITRÓGENO

El nitrógeno (N_2) es un elemento que se encuentra en diferentes formas y en muchos lugares de la Tierra. Está en el agua y en el suelo; es parte de los **organismos** vivos ¡y supone el 78 % de la **atmósfera** terrestre! El movimiento del nitrógeno a través de sus diferentes formas se llama *el ciclo del nitrógeno*.

SI QUIERES SABER MÁS

El resto de la atmósfera de la Tierra está compuesta por gases como el oxígeno (21 %) y el argón (0.9 %); el 0.1 % restante incluye el dióxido de carbono, el helio, el metano y otros.

El ciclo del nitrógeno es importante para que la vida en la Tierra continúe con normalidad. Sin embargo, las plantas y los animales, incluidos los seres humanos, ¡no pueden utilizar el nitrógeno que se encuentra en la atmósfera! Necesitan bacterias para **convertir** el nitrógeno de la atmósfera en una forma de nitrógeno que ellos sean capaces de utilizar.

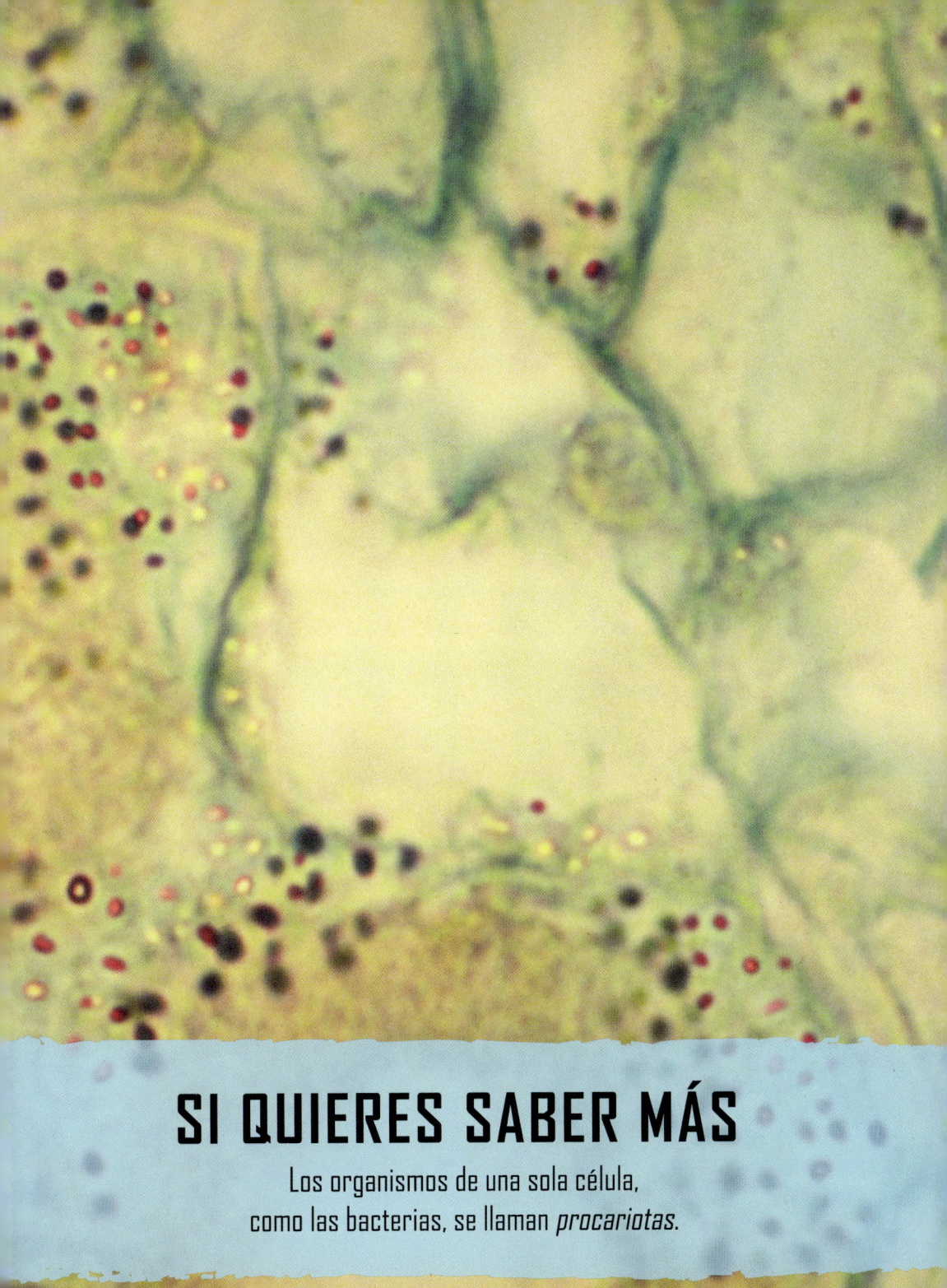

SI QUIERES SABER MÁS

Los organismos de una sola célula, como las bacterias, se llaman *procariotas*.

FIJACIÓN DEL NITRÓGENO

Ciertos tipos de bacterias y otros procariotas absorben el nitrógeno gaseoso de la atmósfera. Lo convierten en amoníaco, que es una **molécula** compuesta por nitrógeno e hidrógeno (NH_3). Esta parte del ciclo se denomina *fijación del nitrógeno*.

SI QUIERES SABER MÁS

La mayor parte de la fijación de nitrógeno tiene lugar en el suelo. ¡Un pequeño porcentaje ocurre cuando cae un rayo!

MOLÉCULA DE AMONÍACO (NH_3)

9

Las plantas pueden absorber el amoníaco del suelo, pero algo de fijación de nitrógeno ¡tiene lugar dentro de las raíces de las plantas! Las bacterias viven en los pelos de las raíces de estas plantas, crecen en número y forman **nódulos** radiculares. ¡Convierten el nitrógeno en formas que la planta puede utilizar dentro de los nódulos!

SI QUIERES SABER MÁS

Las bacterias y las plantas en las que viven son simbióticas. La simbiosis es una relación entre diferentes tipos de organismos en la que cada uno gana algo.

11

NITRIFICACIÓN

Las bacterias del suelo también convierten el gas nitrógeno en nitratos. Primero, el nitrógeno se convierte en amoníaco; y este se convierte en nitritos. Finalmente, los nitritos se convierten en nitratos, que son otra forma de nitrógeno que las plantas pueden absorber y utilizar. Este **proceso** se llama *nitrificación*.

SI QUIERES SABER MÁS

Los **hongos** también pueden llevar a cabo la nitrificación, ¡pero son más lentos!

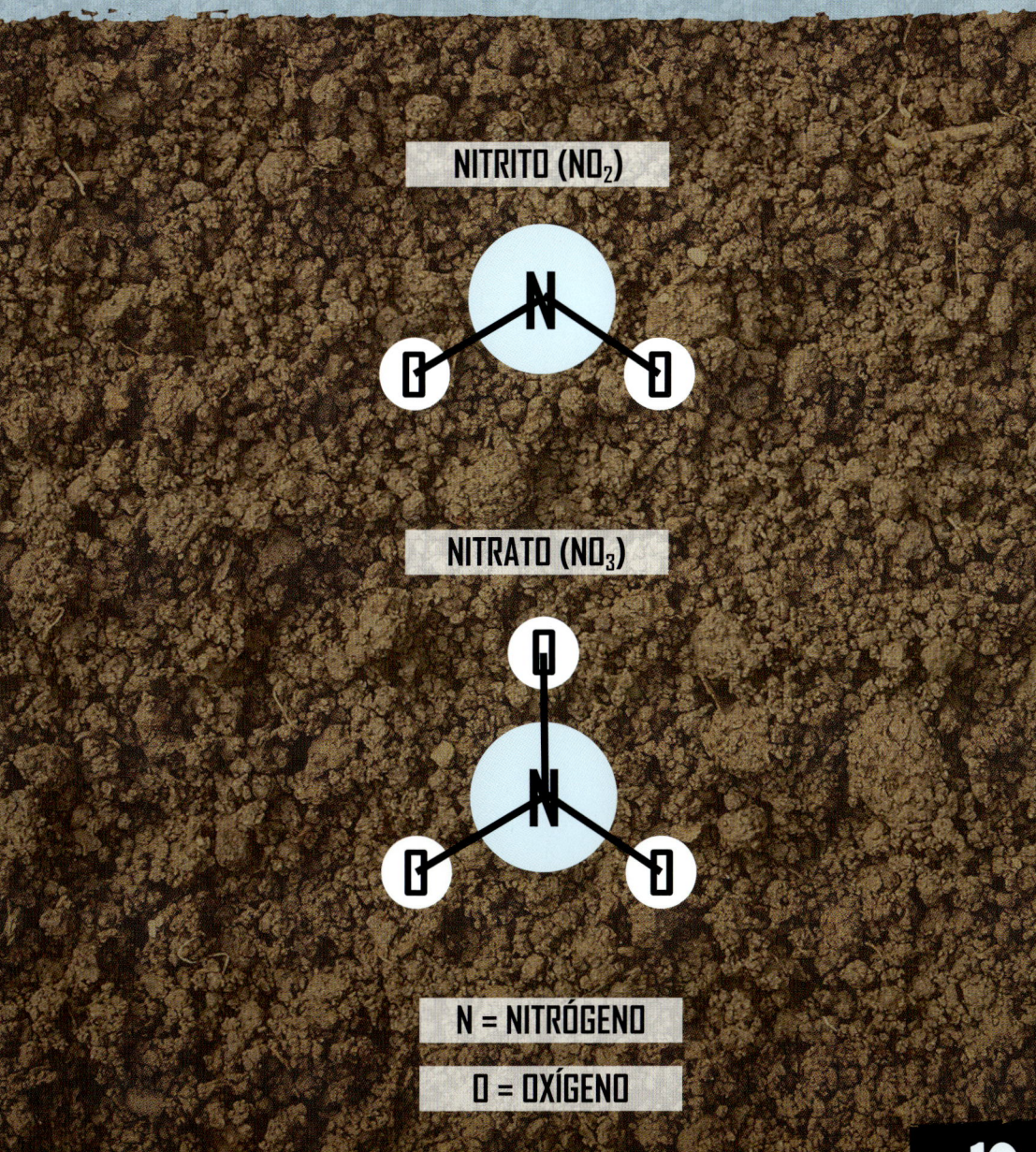

NITRITO (NO$_2$)

NITRATO (NO$_3$)

N = NITRÓGENO
O = OXÍGENO

En la desnitrificación, otras bacterias convierten los nitratos del suelo en gas nitrógeno. La desnitrificación es importante porque sin ella los nitratos del suelo se **disolverían** en los océanos de la Tierra y el nitrógeno se acumularía en ellos. ¡El nitrógeno necesita moverse a través de su ciclo!

SI QUIERES SABER MÁS

Los pasos o fases del ciclo del nitrógeno no se producen en un orden fijo. Algunos pueden ocurrir en cualquier momento.

ASIMILACIÓN

Todas las plantas toman alguna forma de nitrógeno del **medioambiente** para vivir y crecer. Cuando los animales comen estas plantas, el nitrógeno pasa a sus organismos. Cada vez que una planta o un animal toma nitrógeno y pasa a formar parte de sus **tejidos**, ha tenido lugar una asimilación.

SI QUIERES SABER MÁS

¡El nitrógeno se mueve a través de la cadena alimentaria desde los animales que comen plantas hasta los animales que se los comen a ellos! El nitrógeno también sale del cuerpo de los animales en forma de desechos.

AMONIFICACIÓN

Otro paso en el ciclo del nitrógeno ocurre cuando las plantas y los animales se descomponen al morir. Durante una parte de esta descomposición se emite amoníaco, lo que se denomina *amonificación*. Este amoníaco permanece en el suelo y es reutilizado por otros seres vivos.

SI QUIERES SABER MÁS

El amoníaco de la amonificación puede también convertirse en nitrógeno gaseoso.

19

MÁS NITRÓGENO

En el océano, algunos restos de seres vivos caen al fondo oceánico donde se **comprimen** poco a poco. Con el tiempo, estos sedimentos orgánicos se convierten en roca. El **levantamiento** o subida de esta roca hace que se enfrente a la intemperie, lo que libera nitrógeno desde su interior a la atmósfera.

SI QUIERES SABER MÁS

El desgaste de las rocas por el viento,
el agua y el clima puede ocurrir cuando se desprenden
fragmentos y se desplazan hacia tierra.

21

LÍMITES DEL CICLO

En muchos lugares, partes del ciclo del nitrógeno se encuentran limitadas por la cantidad de nitrógeno en el medioambiente. Entonces, el nitrógeno es considerado como el **nutriente** limitante, lo que significa que es el nutriente necesario menos disponible. Esto limita la cantidad de plantas y de seres vivos que pueden crecer.

SI QUIERES SABER MÁS

Agregar más nutrientes limitantes como el nitrógeno a un entorno hace que se produzca crecimiento.

EFECTOS HUMANOS

Debido a que el nitrógeno es a menudo un nutriente limitante, suele formar parte de los fertilizantes, sustancias que se agregan a la tierra, como jardines y cultivos, para ayudarlos a crecer y prosperar. Esta es solo una de entre las muchas formas en que las actividades humanas alteran el ciclo natural del nitrógeno.

SI QUIERES SABER MÁS

La escorrentía es el agua de la tierra que fluye sobre ríos y lagos. La escorrentía de fertilizantes hace entrar demasiado nitrógeno en algunos cuerpos de agua y provoca el crecimiento excesivo de unos organismos llamados *algas*.

La quema de combustibles fósiles, como el carbón, el petróleo y el gas, también envía nitrógeno adicional a la atmósfera. Los científicos creen que demasiado nitrógeno atmosférico puede causar problemas. Es probable que juegue un papel en la lluvia ácida, un tipo de lluvia que resulta perjudicial para las plantas, los animales y los humanos.

SI QUIERES SABER MÁS

Los combustibles fósiles se formaron a partir de antiguos restos de plantas y animales, y se queman para obtener energía. ¡No es de extrañar que emitan nitrógeno!

LA LLUVIA ÁCIDA PERJUDICA EL MEDIOAMBIENTE.

LAS PERSONAS Y LAS INDUSTRIAS QUEMAN COMBUSTIBLES FÓSILES.

El aumento de las formas de nitrógeno en la atmósfera también puede aumentar el efecto invernadero. Así se llama el calentamiento de la Tierra a lo largo del tiempo debido a determinadas actividades humanas, como las que contaminan el aire. No solo eso, ¡también altera el ciclo natural del nitrógeno!

SI QUIERES SABER MÁS

El resultado del efecto invernadero a menudo se llama *cambio climático global* o *calentamiento global*.

EL CICLO DEL NITRÓGENO

EL NITRÓGENO DE LA ATMÓSFERA ES UN GAS (N_2).

LAS BACTERIAS DEVUELVEN EL NITRÓGENO A LA FORMA N_2.

LAS BACTERIAS DEL SUELO Y LAS RAÍCES FIJAN EL N_2 EN AMONÍACO Y NITRATOS QUE LAS PLANTAS PUEDEN USAR.

LAS PLANTAS Y LOS ANIMALES DESCOMPUESTOS Y LOS DESECHOS ANIMALES DEVUELVEN EL NITRÓGENO AL SUELO.

CUANDO LOS ANIMALES COMEN PLANTAS, INGIEREN EL NITRÓGENO.

GLOSARIO

atmósfera: mezcla de gases que rodean a un planeta.

comprimir: presionar o apretar.

convertir: cambiar a una forma diferente.

disolver: mezclar completamente en un líquido.

hongo: ser viviente parecido a una planta, pero que no hace su propio alimento, no tiene hojas y no tiene color verde.

levantamiento: cuando partes de la superficie de la Tierra suben debido al movimiento de las grandes placas tectónicas.

medioambiente: condiciones que rodean a un ser vivo y que afectan a su modo de vida.

molécula: grupo de átomos que están enlazados o conectados entre sí.

nódulo: pequeño bulto en las raíces de una planta.

nutriente: algo que un ser vivo necesita para crecer y mantenerse vivo.

organismo: ser vivo.

proceso: serie de pasos o acciones para llevar a cabo algo.

tejido: materia que forma partes de una planta o un animal.

PARA MÁS INFORMACIÓN

LIBROS

Evans, Tom. *Natural Cycles and Climate Change*. Chicago, IL: World Book, 2016.

Martin, Bobi. *The Nitrogen Cycle*. New York, NY: Britannica Educational Publishing in association with Rosen Educational Services, 2018.

SITIOS DE INTERNET

Cycles of the Earth System
eo.ucar.edu/kids/green/cycles1.htm
Con explicaciones sobre muchos de los ciclos de la Tierra.

The Nitrogen Cycle
kidsgeo.com/geography-for-kids/the-nitrogen-cycle/
Repaso del ciclo del nitrógeno y de algunos ciclos naturales más.

Nota del editor para educadores y padres: nuestro personal especializado ha revisado cuidadosamente estos sitios web para asegurarse de que sean apropiados para los estudiantes. Muchos sitios web cambian con frecuencia, por lo que no podemos garantizar que posteriores contenidos que se suban a esas páginas cumplan con nuestros estándares de calidad y valor educativo. Tengan presente que se debe supervisar cuidadosamente a los estudiantes siempre que tengan acceso al Internet.

ÍNDICE

actividades humanas, 24, 26, 28
amoníaco, 8, 9, 10, 12, 18, 19, 30
atmósfera, 4, 5, 6, 8, 20, 26, 28, 30
bacterias, 6, 7, 8, 10, 11, 12, 14, 30

combustibles fósiles, 26, 27
desechos, 17, 30
lluvia ácida, 26, 27
nitratos, 12, 13, 14, 30
raíz, nódulos y fijación del nitrógeno, 10